www.ingramcontent.com/pod-product-compliance
Lightning Source LLC
Chambersburg PA
CBHW070112230526
45472CB00004B/1225
* 9 7 8 1 7 2 0 0 6 1 5 6 4 *